JUAN ANTONIO RIVERA GORJÓN

XXVII PREMIO DE POESÍA "ELADIO CABAÑERO"

Convocado por el Ayuntamiento de Tomelloso

AF275076

La nostalgia

ESE DRAMA POR FASCÍCULOS

De la edición © Editorial Cuarto Centenario
De los textos © Juan Antonio Rivera Gorjón
Ilustración de portada © Isa Nóvoa

Edición: Editorial Cuarto Centenario
Diseño y Maquetación: IMP Comunicación

IBIC: DCF
ISBN: 979-13-990064-4-5
Depósito legal: D.L. TO 237-2025

Editorial Cuarto Centenario: C/ Laurel Real, 6 (Valparaíso) 45080 - Toledo

www.cuartocentenario.es

Impreso en España - Printed in Spain

El Jurado presidido por **Inés Mª Losa Lara,** y compuesto
por **Luis Alberto de Cuenca Prado, Antonio Illán Illán, Mª Esther
Peñas Domingo, Jesús García Lorenzo (Urceloy)**, con **Victoria Bolós
Montero** como secretaria, concedió por unanimidad a

La nostalgia, ese drama por fascículos,

de **Juan Antonio Rivera Gorjón,**

el *XXVII Premio de Poesía Eladio Cabañero,*

convocado por el Ayuntamiento de Tomelloso.

Este libro ha sido patrocinado por el Ayuntamiento de Tomelloso

"Siempre olvidamos que

lanzarnos al amor

es construir un recuerdo

que seguramente será terrible"

Las flores y el mal
José Sbarra

Índice de poemas

Prólogo

Hablar de Juan Antonio Rivera Gorjón es intentar describir a alguien más grande que la suma de sus partes, con una personalidad compleja, rica y de múltiples matices.

Amante del cine, de la música y del verso, Juan Nadie (como lo conocemos sus amigos) no es solo un poeta entusiasta, ingenioso y ágil, ni el autor que se dedica, minuciosa e incansablemente, a escribir las letras de sus canciones, ni tampoco el profesional sanitario que trabaja en un hospital andaluz. Él es mucho más que el total de sus facetas y un personaje que, sin duda alguna, dará que mucho que hablar en los círculos poéticos de aquí en adelante.

Si tuviera que destacar una sola de sus fortalezas, además de poseer una indiscutible habilidad con el ritmo y con las letras, diría que es un valiente. Un osado, sí, porque, en contra de modas y tendencias, él defiende las estructuras clásicas para hacer lo que mejor sabe hacer: dedicar su pasión y su lirismo a construir poemas con métrica y rima, pero con un lenguaje actual, sorprendentemente fresco, añadiendo un toque de humor y de ironía, inimitable, único, hasta crear un universo propio lleno de belleza.

Juan cuida las palabras desde dentro y es el medio y el canal a través del cual la fragilidad humana se vuelca en el papel, haciendo que el lector se sienta identificado, soneto a soneto, como si estuviera leyendo su propia historia.

En este poemario "La nostalgia, ese drama por fascículos", se vislumbra una niebla alrededor del argumento, una tristeza por episodios, incluso en aquellos en los que no se sabe lo que se ha perdido a ciencia cierta. Cada idea es un recuerdo de lo que una vez fue, las páginas son un refugio de la memoria residual que nos acecha desde el pasado y la huella que no se puede borrar, aunque uno se empeñe en cada estrofa.

El amor que una vez hubo se desvanece y pesa aún más lo que no ocurrió que lo que ha sido. En fin, si cada libro nos lleva a un viaje, este lo hace hacia un eco que es más fuerte cuando nadie escucha. No hay nada más ruidoso que el silencio.

Para acabar, he de decir que el autor una vez me confesó, hablando de la difícil tarea del escritor al tratar de visibilizar su obra, no hace mucho, que tal vez el mundo no necesitaba que un tal Juan, que solo era un loco con un móvil, escribiera versos para que otros los leyeran.

Cuánto me alegro ahora de que el tiempo me haya dado la razón y de que él estuviera completamente equivocado.

Bienvenidos a un poeta imprescindible y a esta aventura en la que algunos se pueden ver reflejados y en la que otros también hemos pensado, entre la envidia y la admiración: "vaya, ojalá estos poemas se me hubieran ocurrido a mí".

Juan Nadie ha materializado esta maravilla desde la nada para vosotros.

Disfrutadlo.

María Jesús Rosales Palencia

1 Escepticismo

¿Quién?

¿Quién late en mi ventrículo a dos voces?
¿Quién viene a desnudarme del invierno?
¿Quién rima con mi nombre en un cuaderno?
¿Quién doma al por mayor lobos feroces?

¿Quién coño se encariña con dos roces?
¿Quién manda los decálogos al cuerno?
¿Quién muere en el deseo subalterno
de huir tirando al mar dos albornoces?

¿Quién busca tres sandalias para un gato?
¿Quién baila con el juez por desacato?
¿Quién pierde por deporte los tranvías?

¿Quién osa despertarme con su boca?
¿Quién niega airadamente no estar loca?
¿Quién cree en el amor en estos días?

2 Negación

No des un paso más

No des un paso más, te lo suplico,
ni exhibas esa hipnótica sonrisa;
mi pobre corazón se descamisa
y ya se ha vuelto tonto, o tonto y pico.

No des un paso más, que no me explico
por qué te me aproximas tan deprisa.
Mi débil voluntad es tan sumisa
que inspiro y el O2 te lo dedico.

No des un paso más, no me cautives,
que tengo las hormonas muy proclives
a hacerte un chalecito aquí en mi pecho.

No des un paso más, mujer infame,
corriendo el gran peligro de que te ame,
que estaba tan tranquilo y no hay derecho.

No te me acerques

No vengas sin un beso en la mirada,
ni traigas un cerrojo en el semblante.
No llegues sin creer en el instante,
no emprendas un camino hacia la nada.

No acudas con la dermis agotada
de un roce insustancial y delirante,
ni irrumpas con el hálito distante,
con ganas en el filo de la espada.

Si me haces el favor, no te aproximes
carente de propósitos sublimes
y ajenos a la ceja más incrédula.

Por mucho que el camino lleve a Roma,
a mí no te me acerques ni de broma
si no traes amor hasta la médula.

Lepidóptera

Querida lepidóptera altanera
que vuelas con tu show de colorines,
recuerda que te metes en jardines
creyendo que eres tú la primavera.

Querida mariposa dominguera
que juegas con el aire entre violines,
cuidado, más allá de los confines
que marcan la insectívora frontera.

Yo soy de esos anfibios repugnantes,
y en cambio, esos vencejos elegantes,
a poco que te alcancen, se te comen.

Yo no, que ya estoy bien escarmentado,
y aun cuando puedo darte un buen bocado,
me niego a que aletees en mi abdomen.

3 Esperanza

Yonqui

Adicto a los placeres comedidos
que pueda ocasionarme un arrumaco.
Esclavo del perfume afrodisiaco
que tienen los quizás reconvertidos.

Ferviente defensor de los latidos
que nunca se han marchado a por tabaco.
Confeso bebedor (como un cosaco)
de besos y zarpazos prometidos.

Forofo de un presunto amor eterno
que dure por lo menos medio invierno
y quiera calentarme los pies fríos.

Fanático de abrirme el corazón
tan solo con que en plena operación
enredes tus ojillos con los míos.

Cuando llegue el invierno

Cuando llegue el invierno tú serás primavera,
y los soles, desnudos, rendirán pleitesía
a la gélida envidia de un vulgar "todavía"
en las ciegas pupilas de una flor traicionera.

Cuando llegue el invierno tú serás la primera
que amanezca en las noches de mirada sombría,
germinando las lunas de cualquier mediodía
y las nieves celosas que nos miran afuera.

Cuando llegue el invierno tú serás mi jardín,
besarás mis semillas de ventisca sin fin
que henchirán los estambres de tu alado estandarte.

Cuando llegue el invierno morirá el calendario,
quemaré mis abrigos, pintaré el vecindario
y haré hueco en mi cama por si vas a quedarte.

Hoy

Hoy, que mis besos perdieron el juicio,
hoy, que tus labios no saben igual,
hoy, que tu calma no está de servicio,
hoy, que mi voz es la lengua del mal.

Hoy, que hay más daños y menos perjuicio,
hoy, que hay más junglas y menos cristal,
hoy, que caemos por un precipicio,
hoy, no daremos versión oficial.

Hoy, que la muerte nos hace descuento,
hoy, que fallamos el último intento,
hoy, que tu sol se ausentó del ocaso.

Hoy, que mi luna nos vuelve la cara,
hoy, que la vida es un poco más rara,
hoy, nos dormimos con un "por si acaso".

Hielo

Y yo, con unos versos manuscritos,
venía a derretirte los glaciares;
y tú me coagulaste los andares
con una discusión y un par de gritos.

El hielo se olvidó de hacer cubitos
y vino a congelarnos los ajuares;
tus besos eran témpanos polares,
mis ojos, unos pétalos marchitos.

Mis versos, con su fuego incontenible,
sirvieron de valioso combustible
y pude calentarme con su hoguera.

Me dije que este frío no es eterno,
que pronto acabaremos el invierno
y un día llegará la primavera.

4 Entrega

¿Qué esperabas?

¡Qué esperabas de un zoquete como yo,
tan ingenuo, tan estándar y tan bruto,
que no escribe con soltura ni la o
con el simple mecanismo de un canuto!

¡Qué esperabas de un incauto que pasó,
en el trance despiadado de un minuto,
a colgarse de un maldito sí o no,
que es un árbol que ni crece ni da fruto!

¡Qué esperabas de un sombrío funcionario
que se escapa de su hastío rutinario
deshojando margaritas a las bravas!

¡Qué esperabas de un adicto pretendiente
si no paras de seguirle la corriente
y te mira cautivado! ¡Qué esperabas!

5 Decepción

Rebelde

Me temo que no soy un simple anexo
ni un príncipe azulado en tu vitrina
(a juego con el tul de la cortina),
ni un fiel proveedor de amor y sexo.

Me temo que no humillo genuflexo,
que siempre he suspendido en disciplina,
que nunca me ha calado tu doctrina
ni soy un candidato a ser tu Alexo.

Me temo que me cansa ser tu esclavo,
que soy un servidor de chichinabo
y un súbdito rebelde e insumiso.

Me temo que cometes un error
comprando por catálogo un amor
que insiste en respirar sin tu permiso.

Palabras

Inventé palabras que murieron al nacer
por las mudas vueltas del cordón umbilical,
que las anudaba a la raíz de la razón
y asfixiaba todo lo que urgía en nuestras bocas.

Lo primero fue la improcedencia de un "te quiero",
que brotó angustiado como un niño en el hospicio,
y que poco antes de emerger caía exánime
en el frío lecho de dolor que lo alumbraba.

Se escucharon tímidas instancias de disculpa
que escapaban pútridas de amor de entre los dientes,
mas ninguna pudo contemplar la luz del día
sin saber volar,
precipitadas al abismo.

Afloraron luego la ironía y el reproche
bajo el terco manto insoportable de la lengua.
Cada verbo hostil, cada amenaza, cada culpa,
se escupió en un beso negativo de los labios.

Y al final, los daños, las mentiras, los cansancios,
se atascaron antes de salir de la garganta,
al vibrar la herrumbre del acero en los cimientos
con la voz rotunda y convulsiva de un adiós.

El abogado de mi ex

¡Qué tierno el abogado de mi ex
que, en aras del valor sentimental,
reclama un estampado delantal
y un sobrio chaquetón de Gore-Tex!

Tres platos y un tazón de Duralex,
un sólido escritorio de nogal,
un bolso y un jersey de Desigual,
bohemio, colorido y unisex.

Del roto corazón no dijo nada.
Tampoco de la triste agua pasada
de lágrimas vertidas por amor.

Intuyo que mi ex tendrá motivos,
para ella los malditos seres vivos
no tienen sentimientos ni valor.

A pierna suelta

Cuando dios te ofrecía compartir paraíso
y mordió la manzana sin pedir tu opinión.
Cuando el mismo demonio se postraba sumiso
y vendía sus almas y su impar corazón.

Cuando el sol no salía si no dabas permiso
y la noche esperaba conseguir tu perdón.
Cuando el cielo se abría claramente indeciso
sin saber si querrías la siguiente estación.

Cuando el suelo temblaba contemplando tu foto,
con las toscas maneras de un vulgar terremoto,
y los ríos frenaban al oír tu señal.

Cuando el mundo se hundía, yo me di media vuelta
puse el cierre a mis ojos y dormí a pierna suelta,
que con todo perdido no se duerme tan mal.

A la caza de huracanes

Si mi euforia no tuviera tantas canas
y mis canas no tuvieran tantos planes,
me verías a la caza de huracanes,
que barrieran mis miserias cotidianas.

Si mi frío no tuviera tantas ganas
y mis ganas no brotaran de volcanes,
me tendrías dando saltos los sanjuanes
hasta el día que repiquen las campanas.

Si mi sombra no tuviera pocas luces,
si mis luces no tuvieran mala sombra,
si mis aguas no volvieran a su cauce.

Si ignorara que a menudo me seduces
y me ocultas bajo el peso de la alfombra,
no estaría sollozando como un sauce.

Amores que matan

El reo se enamora del barrote.
La caja se encapricha del precinto.
Teseo adora el puto laberinto.
La piel es concubina del azote.

El náufrago se arraiga en el islote.
La lógica es la esclava del instinto.
El tedio exhala amor por lo distinto
y el aspa se encariña del Quijote.

El fármaco idolatra a los microbios,
el cura se masturba con los novios
y el tronco sueña ardientes chimeneas.

La vida es la querida de la muerte
y yo, con esta esquiva mala suerte,
te quiero solo a ti, maldita seas.

Nini

Ni fármacos malditos ni exóticos venenos,
ni sol por Antequera ni luna de París,
ni tú me has olvidado ni yo te echo de menos,
ni me has tocado palmas ni te he cantado un bis.

Ni estómagos vacíos ni vasos medio llenos,
ni albergas alma blanca ni yo materia gris,
ni fuimos tan malvados ni vamos a ser buenos,
ni pierdo yo a las damas ni ganas tú al parchís.

Ni príncipe cobarde ni altiva Cenicienta,
ni das explicaciones ni yo las pongo en venta,
ni el chiste tiene gracia ni voy a hacer un drama.

Ni vamos de rositas ni estamos malheridos,
los ánimos de lucro los damos por perdidos
que luego, si andas sola, terminas en mi cama.

Cuando el amor salta por la ventana

¡Cuando el amor saltó por la ventana
en la mañana azul de un quinto piso,
se liberó del tibio paraíso
que abrías una vez a la semana.

Cuando el amor, ahíto de manzana,
desendulzó la miel del compromiso,
sobrevoló el balcón sin previo aviso
y nos lanzó una mueca de desgana.

Cuando el amor salió por los cristales
y se cortó las venas conyugales,
la realidad miraba boquiabierta.

Cuando el amor huyó de nuestro lado
y la razón buscaba un abogado,
no vimos lo que entraba por la puerta.

Divorcio

Cansados de lo malo conocido,
pusimos más olvido que distancia,
perdimos más esencia que sustancia,
dolimos el silencio más que el ruido.

Reñimos cada rama de aquel nido,
salimos del Edén sin elegancia,
vendimos cada cuál un alma rancia
a un díscolo satán menosvenido.

Movimos más la tierra que los cielos
y vimos menos mundo que pañuelos.
Cenamos un martirio para dos.

De postre me pedí licor de amnesia,
que, si hablo de una boda por la iglesia,
me meo con la gracia de tu dios.

6 Repudio

Me niego

Me niego a recordar tus recovecos,
tus poros, tus aristas, tus lunares,
tus vértebras, tus seres, tus estares,
tus frentes, tus perfiles y tus flecos.

Me niego desviarme hacia tus huecos,
a anclarme a tus recónditos lugares,
a huir tras tus armónicos andares,
a oír la insuficiencia de tus ecos.

Me niego a resurgir de mis cenizas,
a hundirme en tus arenas movedizas
a helarme en lo profundo de tu frío.

Me niego a enamorarme de tu nada,
a aullar en esta casa abandonada...
Me niego a darte amor, cariño mío.

Si tú fuiste, yo soy

Si tú fuiste mi herida, yo soy tu cicatriz.
Si fuiste mi certeza, yo soy tu desconcierto.
Si fuiste mi extravío, yo te hago de aeropuerto.
Si fuiste mi tristeza, te guiso una perdiz.

Si fuiste mi desgana, yo soy fuerza motriz.
Si fuiste mi penumbra, yo soy tu cielo abierto.
Si fuiste mi descuido, yo soy tu gran acierto.
Si fuiste mi hoja muerta, yo nutro tu raíz.

Si fuiste mi desgracia, yo soy tu buena suerte.
Si fuiste mi flaqueza, yo soy tu caja fuerte.
Si fuiste mi imprudencia, yo soy tu paso atrás.

Si fuiste mi amenaza, yo solo soy promesa.
Si fuiste mi apatía, yo salgo por sorpresa.
Si fuiste "algunas veces", yo soy tu "nunca más".

Pluscuamperfectos

Los ciegos de ira no leen la mente.
Los mares de dudas no saben nadar.
Las balas perdidas no tiran a dar.
Los grandes excesos no son suficiente.

Los malos augurios no tienen presente.
Las brujas no bailan con lobos de mar.
Los vasos vacíos se marchan del bar.
Los muertos de hambre no comen caliente.

Los barcos fantasma no salen a flote.
Las malas cervezas son rubias de bote.
Los fríos febreros no tienen abrigo.

La lluvia no sabe secar mis mejillas.
Los ríos de tinta dibujan orillas.
Quien firma estos versos no vuelve contigo.

Con alguien como tú

Con alguien como tú, pero sin ti,
los días no me apuntan con fusiles,
los años acumulan doce abriles
y al fin la margarita dice sí.

Con alguien como tú, pero no aquí,
a cientos de kilómetros, a miles,
muy lejos de tus zafios proyectiles,
no cuentes ni conmigo ni sin mí.

Con alguien como tú, pero en tu ausencia,
apruebo en el examen de conciencia
y ya no formas parte del menú.

Con alguien como tú, pero sin verte,
se acaba para mí la mala suerte,
pues todo está en su sitio, incluso tú.

7 Nostalgia

Peso

Las básculas del tiempo son muy crueles,
bien saben qué recuerdo pesa más,
y yo, por intentar dejarte atrás,
traté de evaporarte en otras pieles.

Perdí la sensatez y los papeles,
perdí la compostura y, además,
perdí la convicción de que jamás
tendría compasión por los infieles.

Arrastro como lápidas pasadas
recuerdos de unas cuantas toneladas
que anidan en el fondo de mis sesos.

No guardo más rencor del necesario,
ni restos de tu amor minoritario
ni nada más dañino que tus besos.

Justo esta mañana

Mi cama sufre horribles pesadillas.

Mi perra tiene crisis de ansiedad.

Mi tele ya no dice la verdad.

Mi mesa se ha enfadado con mis sillas.

Mi ropa me suplica de rodillas.

Mi coche ya no sale a la ciudad.

Mis pasos solo avanzan la mitad.

Mis ojos aborrecen las lentillas.

Mis lágrimas se escapan insurgentes.

Mis gritos se atrincheran tras los dientes.

Mis valiums no hacen ya su cometido.

Mi zona de confort es un desastre.

Mis ánimos están para el arrastre.

Y justo en la mañana en que te has ido.

Nostalgia (I)

Las puertas, que se niegan a cerrar,
ancladas, para siempre, en el pasado.
Las fotos, que naufragan en el bar
con síndrome de nido abandonado.

Las sábanas, que hastiadas de llorar
se secan al minuto del lavado.
El verso con tu huella dactilar
que cuelga de un soneto mal rimado.

El marco donde ayer pinté tu sombra
el peso de tu espíritu en la alfombra,
el sol que se levanta con pie izquierdo.

El tiempo que se duerme a pierna suelta,
el mundo que se niega a dar la vuelta
y yo, que raras veces te recuerdo.

Nostalgia (II)

Extraño cuando todo era verdad
y aún no agonizaba nuestro idilio,
las píldoras de amor a domicilio,
los raptos de pasión a la mitad.

Añoro nuestra ausente realidad,
cuando ésta, alguna vez, pedía auxilio,
las gotas de deseo en el exilio,
la erótica de lesa humanidad.

Incluso todavía echo de menos
tu química con fluidos diferentes,
la mugre de tu insípida fachada.

Nostálgico de mieles y venenos,
de besos perniciosos en la frente,
ahora que por fin no queda nada.

Masoquista

Me hiciste un gran favor con tu partida.
Por suerte tu desdén no dejó huella.
Antaño, junto a ti, no tuve vida
y ahora ya no sé qué hacer con ella.

Me vino superbién aquella herida
y todo lo que el daño me hizo mella.
Contigo no probaba la comida
y ahora ya no suelto la botella.

Me fue bastante bien con tu abandono,
luché animosamente contra el crono
por ver cuanto tardaba en olvidarte.

Quizá me descuidé conmigo mismo,
que tiendo levemente al masoquismo
y sufro por maldito amor al arte.

Dejé

Dejé de ser un traje a tu medida
perdido en un maldito guardarropa.
Dejé de ser el "hombre de tu vida"
que ves tras acabar la cuarta copa.

Dejé de ser un ángel de la guarda
plantado en la antesala de tu cuarto.
Dejé de de ser el "coño la Bernarda"
cansado de cansarme de estar harto.

Dejé de respirar tu CO_2.
Busqué en el inventario algún adiós
que, al fin, hiciera juego con tus ojos.

Dejé de ser tu puerta giratoria,
cerré con llave toda escapatoria
y tú desvencijaste los cerrojos.

Doce meses

Hoy hace doce meses y un invierno
del día en que, incompleto, te olvidé.
Ahora no sollozo en el café
ni lloro cuando escribo en mi cuaderno.

Ahora el infinito no es eterno
y el cielo es melancólico y sin fe;
ahora me pellizco a contrapié
las ruinas del tenaz picor interno.

Hoy hace doce meses que te fuiste
y yo, que me encariño con el quiste,
le cojo antipatía a la sutura.

Por eso he olvidado la existencia
del hueco que moldeas con tu ausencia
y abrazo como un niño su cintura.

Ahora

Ahora que los días sonríen sin recargo,
ahora que los bingos me cantan solo a mí,
ahora que los lunes no muero, sin embargo,
los ecos de tus pasos no llegan hasta aquí.

Ahora que el camino de vuelta no es tan largo,
ahora que la vida por fin dice que sí,
ahora que mis manos renacen del letargo,
presiento que es difícil que sepa más de ti.

Ahora que maúllan los gatos más esquivos,
ahora que el vecino saluda sin motivos,
ahora que he hecho un pacto rentable con la muerte.

Ahora que dan cartas y sale siempre un as,
y gano mil batallas ahora que no estás,
hoy sé que tu presencia traía mala suerte.

El beso

El beso terminal que no te di
se sienta en las orillas de mi cama,
me increpa, me sacude, me reclama,
levanta barricadas contra mí.

Me pide explicaciones porque sí,
desata su furor, se enoja, brama,
se tira de los pelos, monta un drama,
clamando por lo mucho que perdí.

El beso que el adiós dejó pendiente
me mira con carita de inocente
y exhala el más mortal de los venenos.

El beso que aquel día te negué
espera insatisfecho, a contrapié,
tan solo por que tú lo eches de menos.

San Valentín

Tomé un San Valentín descafeinado,
con leche sin lactosa y sacarina;
tras otro día gris en la oficina,
pagué mis ilusiones al contado.

Opté por un futuro anestesiado,
un cóctel de ginebra y endorfina,
un caldo concentrado de gallina
y un rictus de perrito abandonado.

Aquel fin de semana de febrero,
a golpe de arrumaco zalamero,
quedaron extinguidas las perdices.

A mí, para morir, me faltó poco,
y estuve agonizando como un loco,
exánime de veros tan felices.

8 Perdón

Si vuelves

Si vuelves, que sea con alma de abrigo,
con cuerpo de bruma, con sangre de aliento,
con huesos de hiedra, con sed de alimento,
con hambre de nube, con lengua de trigo.

Si vuelves, que sea con aire de amigo,
con tierra de abrazo, con agua de viento,
con hierba de carne, con besos de cuento,
con ríos de espuma, con sima de ombligo.

Si vuelves, no traigas la voz de sequía,
el grito de incendio, la bala baldía,
la hiel de desiertos, de plagas, de selvas.

Si vas a traerme rumor de volcán,
latido de guerra, clamor de huracán,
para eso, mi vida, mejor que no vuelvas.

Sin consenso

Digamos que aquel viernes era martes
y el tiempo trascurría sin consenso.
Yo estaba poco menos que indefenso,
expuesto a tus malditas malas artes.

Le dije a ese panoli de Descartes
que tú ya ni me existes ni te pienso
y en cambio, en este mundo tan inmenso,
veía tu semblante en todas partes.

Después de un exorcismo a tu fantasma
y un par de inhalaciones contra el asma,
llamaste de repente al interfono.

Trajiste una disculpa de rehén
y yo, tras masticarla un santiamén,
te dije: no hay perdón, mas te perdono.

Comprende

Comprende que el mundo no está de mi lado,
comprende que el tiempo me debe un favor,
comprende que no hago canciones de amor
que afirmen que un día te amé demasiado.

Comprende que el vino no es buen abogado,
comprende que brindo tan solo en tu honor,
comprende que tengo carnet en vigor
de amante que nunca regresa al pasado.

Comprende que el WhatsApp me fue desleal,
que yo no escribía por nada especial,
que a veces la culpa la tienen los duendes.

Comprende que es cosa del libre albedrío,
que es tarde, es de noche, me muero de frío,
comprende que hay veces que no me comprendes.

9 Epílogo

La historia de mi vida

De tanto pasar página, mi libro se termina
y todos los capítulos me dejan cicatriz;
detrás de cada párrafo, se esconde alguna espina
y sé que en esta fábula no habrá final feliz.

Mi vida desde el prólogo ya huele a naftalina
y temo que el epílogo golpee mi nariz:
me pone, lo romántico, la carne de gallina
que come metafóricas mazorcas de maíz.

Me retan en los diálogos besugos y besugas,
las épicas distópicas realzan mis arrugas
y hay veces en que el trágico sinfín me desencanta.

No habría mejor título para esta peripecia
que narre la catástrofe de que ella no me aprecia:
inicio y desenlace del nudo en mi garganta.

Este libro se cierra para la impresión en agosto de 2025.

Esta edición ha estado al cuidado de **Editorial Cuarto Centenario,**

y se ha utilizado la familia tipográfica Neutra.